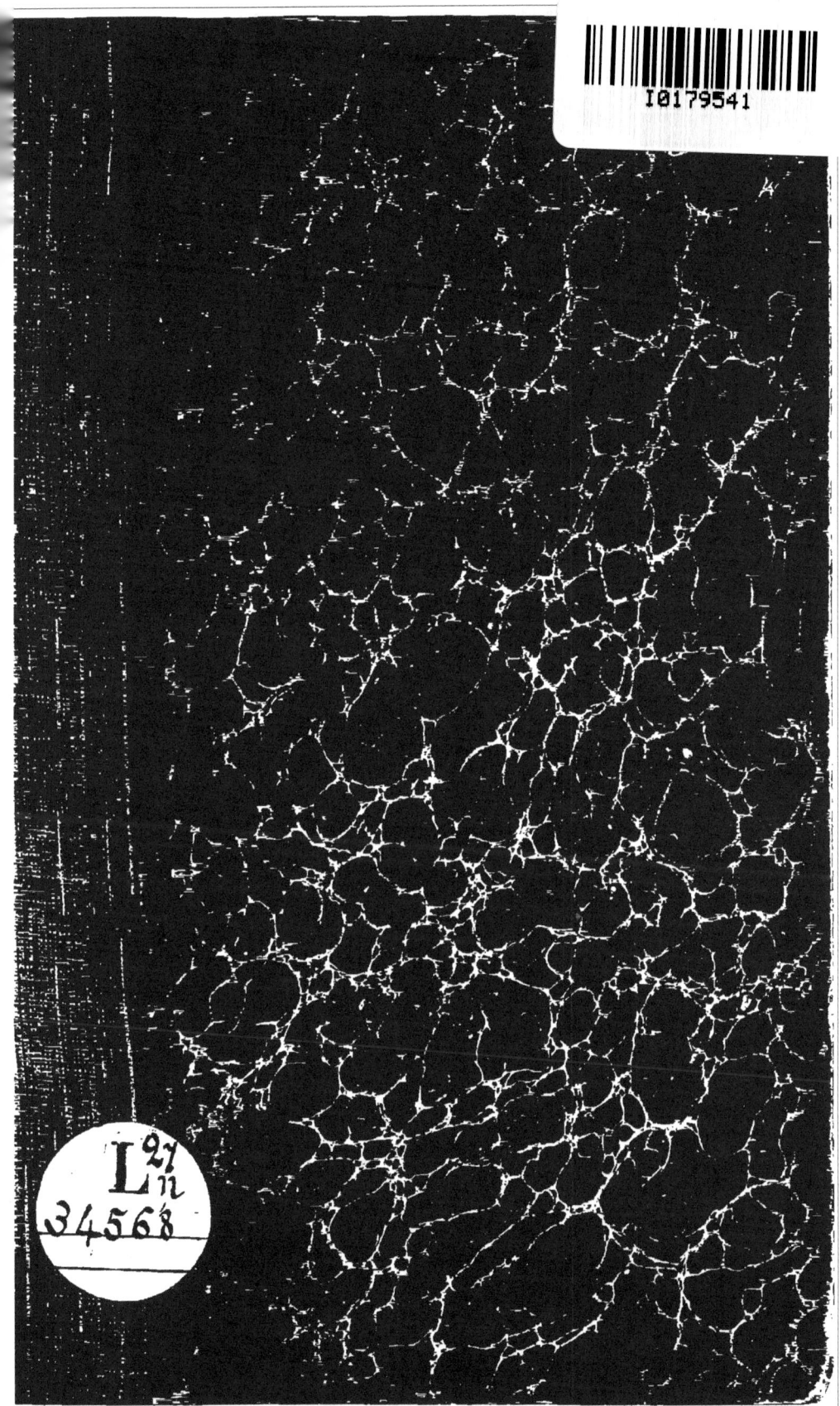

JOSEPH VIGOUROUS

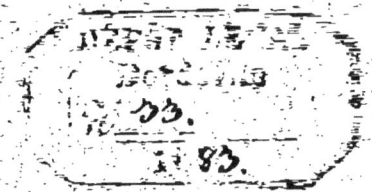

PAR

L'abbé Eugène GALAIS

DOCTEUR EN THÉOLOGIE

Aumônier du Lycée de Périgueux.

> Je le verrai, c'est l'espoir que j'ai et
> qui sera toujours dans mon cœur.
> (Job. XIX, 27.)

PÉRIGUEUX

IMPRIMERIE DUPONT ET Cⁱᵉ, RUE TAILLEFER.

1883

JOSEPH VIGOUROUS.

JOSEPH VIGOUROUS

PAR

L'abbé Eugène GALAIS

DOCTEUR EN THÉOLOGIE

Aumônier du Lycée de Périgueux.

> Je le verrai, c'est l'espoir que j'ai et
> qui sera toujours dans mon cœur.
> (Job. XIX, 27.)

PÉRIGUEUX

IMPRIMERIE DUPONT ET Cⁱᵉ, RUE TAILLEFER.

1883

A M. & A Mme VIGOUROUS

A M. & A Mme JOSEPH DUFOUR

*Hommage de douloureuse
sympathie.*

18 juillet 1883.

Madame,

Depuis le moment où la mère de l'innocent Abel a pleuré sur sa dépouille sanglante, jusqu'à la fin des siècles, les douleurs des mères ont été et seront les mêmes.

Le remède n'a pas varié non plus, et il ne variera jamais ; c'est l'espérance.

Désormais, c'est à ce remède réconfortant et efficace, qu'il vous faudra recourir.

VIII

Dans l'absence de ceux que nous attendons, avec les vives impatiences de l'amour le plus légitime et le plus saint, nous demandons quelquefois, à un livre, le secret d'abréger des heures trop longues.

Dans cette intention, j'ai osé vous présenter ces quelques pages consacrées au souvenir de votre Joseph.

Pour que vous puissiez trouver moins lourd le fardeau de l'absence, en attendant le retour, je me permets de vous indiquer encore les ouvrages dont les titres suivent : La famille au ciel. — Les larmes des Saints. — Espérance à ceux qui pleurent. —

Au ciel un Ange de plus. — Le paradis catholique. — Au ciel on se reconnaît. — Souffrances et suprêmes consolations (1).

Je supplie le Suprême Consolateur des mères éplorées, de vous donner pour compagnes la prière, la résignation et l'espérance.

Veuillez agréer, Madame, ce trop faible hommage de mes plus respectueuses condoléances.

E. GALAIS.

---

(1) Périsse frères, 58, rue Saint-Sulpice, Paris.

JOSEPH VIGOUROUS

> Je le verrai, c'est l'espoir que j'ai
> et qui vivra toujours dans mon cœur.
> (Job. XIX, 27.)

I

« Vous qui l'avez connu et aimé, vous dont la mission est de consoler le chagrin, et de verser une goutte de miel dans la coupe remplie d'amertumes, pourriez-vous m'expliquer le mystère de la souffrance et de la séparation ? Pourriez-vous me dévoiler ce profond et impénétrable secret de la vie, où l'affection la plus pure et la plus forte se brise avec violence, en déchirant le cœur d'une mère ? »

Ce douloureux appel, nous l'avons entendu ; il n'a pas manqué d'émouvoir notre âme. Nous sommes dans l'impuissance de répondre, mais nous pouvons au moins compatir. Nos épreuves personnelles ne servent pas seulement à nous transformer, à nous rendre meilleurs ; elles ont encore le merveilleux privilège de nous faire connaître les épreuves des autres, et de nous procurer le mérite et l'honneur de les partager ; la douleur excite la sympathie et produit la douce compassion. Elle met en réserve, dans notre cœur, un baume capable d'adoucir les maux de notre prochain.

Un fils a cruellement souffert, quand, la tête appuyée sur les bras d'une pauvre croix dominant la dépouille d'une mère tendrement aimée, il a senti en quelque sorte ses paupières brûlées par le feu des larmes cuisantes ! Toutefois, nous croyons que cette souffrance né donne qu'une faible idée des tortures supportées par une mère agenouillée sur la tombe d'un enfant.

Le mystère de la douleur et de la séparation est un mystère comme un autre ; il demeure incompréhensible : c'est un livre fermé que l'esprit humain tenterait en vain d'ouvrir. Hélas ! il ne nous appartient pas de pénétrer le monde de l'inconnu !

Il est sur terre des questions qui resteront sans réponse et des problèmes qui ne seront jamais résolus.

Dieu seul, un jour, dans les palais de sa gloire éternelle, expliquera les raisons de ces brisements par lesquels un enfant, dans l'éclat de son innocence et de sa beauté, est violemment arraché aux tendresses maternelles et plongé dans la nuit du tombeau.

Nous ne pouvons point sécher des larmes dont la source, placée dans la profondeur la plus intime du cœur, ne tarira qu'avec la fin de la vie présente ; nous venons les recueillir, nous venons y mêler les nôtres. Nous offrons l'aumône de nos sympathies.

Dans leurs grands malheurs, les victimes reconnaissantes acceptent la moindre obole de consolation avec la même faveur qu'elles recevraient un riche trésor dans des jours heureux.

Tout en se réservant le secret de

ses desseins, Dieu, néanmoins, nous permet d'appliquer le baume de l'espérance sur les blessures, non pour les cicatriser entièrement, mais pour endormir un instant la douleur.

Lorsque Saül était en proie à ses sombres agitations, David, avec sa harpe, ramenait un calme momentané, dans cette âme étrangement bouleversée.

Perpétuer, au sein d'une famille chrétienne, le souvenir d'un enfant couché dans la tombe, c'est pour ainsi dire faire vibrer les cordes d'une harpe mystérieuse, dont les faibles accords pourraient, pendant quelques minutes, paralyser les angoisses de celle qui ne veut pas être consolée parce que son fils bien-aimé n'est plus.

Il est des chagrins qui vieillissent, mais que le temps n'efface jamais. Les souffrances d'une mère surpassent de beaucoup les plus dures épreuves des autres créatures humaines, car personne n'a reçu comme elle la puissance d'aimer.

Les tortures morales, en effet, sont en proportion de la grandeur de l'amour.

C'est pour cette raison que la mère de Jésus-Christ a beaucoup plus souffert seule que tous les martyrs ensemble, parce que son amour seul était plus intense que celui de tous les martyrs, de tous les saints, de tous les anges réunis.

Aussi, la parole humaine est incapable d'exprimer l'immensité des affections et des douleurs maternelles.

Après le départ de son divin fils, la vierge Marie, ne pouvant plus supporter l'exil de la vie présente, n'aspirait qu'après le moment de le rejoindre ; il en est ainsi de toutes les mères : l'oubli n'est pas une plante qui puisse s'acclimater et croître dans leur cœur.

La mort emporte l'innocente victime, mais elle n'a pas le droit de toucher à l'amour, et Dieu, qui prend l'âme, laisse l'espérance pour affaiblir les tourments de la séparation.

Dans l'absence de ceux qui nous sont unis, par les plus doux liens du cœur, nous recherchons, avec une attention minutieuse, tout ce qui peut nous rappeler leur souvenir.

C'est ainsi qu'une mère vivant éloignée du cimetière, où reposaient les cendres de ses fils, demandait de lui faire parvenir quelques feuilles de roses, cueillies sur leur tombe, à l'ombre des vieux cyprès.

Qui de nous, après avoir prié et pleuré sur des restes vénérés, au pied de la croix d'un monument funèbre, n'a pas eu la pensée de prendre une pauvre petite fleur, de la porter à ses lèvres et de la conserver ?

N'est-il pas vrai, que vous goûtez une certaine consolation à promener vos mélancolies et vos tristesses à travers les différents lieux qui vous rappellent Joseph ? Vous aimez à revoir ces bancs rustiques où il venait s'asseoir à vos côtés, ces jardins, ces allées, ces vertes pelouses, où il se plaisait à se livrer aux amusements de son âge.

Là-bas, au pied du côteau, dans le creux du frais vallon de Boulazac, tous les échos redisent le nom de Joseph.

Le séjour tranquille de la campagne, le bruit du vent dans les sapins, l'ombre des peupliers, tout le charmait aux jours heureux des vacances ; le lycée, la classe, le chemin lui-même qu'il prenait pour s'y rendre soir et matin sont autant de souvenirs aimés.

Le dimanche, pendant les saints offices, c'est à la place qu'il occupait que de préférence vous allez vous agenouiller.

Voici maintenant sa petite chambre. C'est ici qu'il travaillait, c'est là qu'il étudiait ses leçons !

C'est dans ce lit qu'il dormait. Que de fois, la nuit, n'avez-vous pas prêté l'oreille, pour entendre les battements de son cœur ? Que de fois, n'avez-vous pas écarté doucement les rideaux, pour contempler le spectacle d'un ange endormi ? Que de fois, au milieu de ce silence solennel, n'avez-vous pas, avec une sainte caresse, sanctifié son front d'un signe de croix ?

Ce livre de prières, c'était le sien. Ce crucifix, surmonté d'un rameau bénit, ces images de Marie et de Joseph, ses mains les ont touchées, ses lèvres les ont baisées. Devant ces pieux objets il se mettait à genoux.

Il n'est pas jusqu'à ses jouets les plus simples auxquels vous ne rendiez le culte du souvenir.

O mère, pleurez comme on pleure les absents, mais consolez-vous comme se consolent ceux qui attendent le retour.

Lorsque le jeune Tobie s'éloigna de la maison de ses parents pour entreprendre un voyage à travers des pays étrangers, sa mère passait de longues heures à pleurer son absence, mais l'espoir venait la consoler. Elle soupirait sans cesse après le retour de celui qu'elle appelait, avec une touchante effusion, la lumière de ses yeux, le bâton de sa vieillesse, la consolation de sa vie.

A chaque lever d'un nouveau soleil, gravissant les pentes escarpées des côteaux, elle longeait les sentiers suivis naguère par son bien-aimé Tobie.

Elle plongeait son regard dans le lointain, et l'œil de sa tendresse semblait percer les espaces et les distances, espérant voir apparaître le voyageur, qui devait revenir.

Joseph également a quitté la demeure hospitalière de la famille, il a fait le glorieux voyage de cette contrée qui se nomme la Jérusalem céleste.

Semblable à la mère de Tobie, tout en parcourant les chemins que Joseph a suivis, gravissez les hauteurs lumineuses de la foi chrétienne. Parvenu sur ces sommets, l'œil de votre amour interrogera l'horizon de l'avenir, et bientôt vous sentirez grandir et se fortifier encore l'assurance de revoir et d'embrasser votre enfant chéri.

Il n'est point mort, mais seulement

endormi. Son sommeil n'est que passager. L'heure du réveil sera sonnée par les anges ; une fois rendu à vos tendresses, il vous sera conservé pour l'éternité.

Pendant qu'il repose tranquille dans la paix et sur les bras de Jésus, et qu'il vous regarde en souriant, du haut du ciel, nous allons réunir une partie des meilleurs éléments de lui-même, et faire comme une précieuse gerbe avec les épis qu'il a laissés sur le champ de la vie.

De même que l'on compose une corbeille avec mille fleurs variées, ainsi nous allons former un agréable bouquet avec ses pensées, ses paroles, ses exemples, ses vertus angéliques. Ce bouquet tout embaumé des parfums de l'innocence de Joseph, nous l'offrirons à une famille en pleurs, comme le témoignage de nos plus vives sympathies ; nous le présenterons aussi à titre de souvenir à tous ceux qui ont connu ce jeune enfant, que Dieu a trouvé mûr pour le bonheur.

C'est une pieuse tâche de perpétuer la mémoire d'un enfant privilégié.

Que n'avons-nous la rare délicatesse de l'artiste qui peint le myosotis sur le bord des eaux limpides, pour imprimer de la main du cœur, sur une feuille amie, la physionomie morale de Joseph, comme elle a été gravée au physique par un pur rayon de soleil !

II

Dieu, pour embellir les jardins du ciel, se plaît parfois à choisir les plus aimables plantes de la terre. Il cueille les roses blanches de préférence dans le clos mystérieux du cœur des mères.

Au matin de la vie, les lis sont plus purs et plus embaumés, lorsqu'ils sont encore humides de la rosée des nuits. Ainsi, belle petite fleur humaine, dans tout l'éclat de votre virginale fraîcheur, vous avez été déposée sur les autels du paradis !

C'est le 18 juillet 1882 que Joseph a quitté ce monde et que son âme s'est envolée. Pauvre enfant, si jeune encore ! C'était le 10 octobre 1874 que sa tendre mère lui avait donné son premier baiser, en attendant l'heure de recevoir son premier sourire.

Quel heureux évènement ! quelle joie, quel bonheur, quel enthousiasme rayonnaient alors autour de ce berceau !

Un père et une mère voyaient enfin se réaliser l'un des rêves les plus beaux et les plus doucement caressé de leur vie.

Deux anges maintenant, un frère et une sœur, ornaient ce paradis terrestre, qu'on nomme le foyer d'une famille chrétienne.

Les premiers mois de Joseph s'écoulèrent tranquilles. Toutefois, vers l'âge de deux ans, un nuage vint obscurcir la clarté de cet horizon.

L'amour maternel a compté que l'enfant avait légèrement souffert pendant vingt-sept journées, qui parurent longues comme des siècles.

Sous le rapport de la durée, la joie représente le temps et la douleur l'éternité.

Chose singulière et qui ne pouvait

manquer d'attirer l'attention d'une mère, c'est que Joseph seul avait survécu à cinq ou six petits garçons nés, comme lui, dans la même semaine.

Le Seigneur ne voulut point encore le placer au nombre des anges. Mais, dans ces heures de craintes, que de prières sont montées vers le ciel ! Elles furent alors exaucées.

Nous aimons à nous rappeler le jour où, pour la première fois, Joseph nous fut présenté au lycée par ses grands parents, dont l'affection était si vive, si dévouée. Nous avions de suite remarqué son doux et profond regard, où se manifestait comme une révélation de cet infini, qu'une ardeur fiévreuse poursuit sans le saisir dans ce monde, où tout passe, sans s'arrêter. A travers la délicate enveloppe de cette nature si frêle, la beauté de l'âme se laissait apercevoir.

La générosité de son cœur se traduisait à l'extérieur, au-dehors, par une parole, par une question, par un regard, par un geste, par un sourire. Quand il levait ses yeux, voilés de longs cils, ils reflétaient l'image radieuse des qualités morales, qui sont les plus brillants fleurons de la couronne dont le Seigneur a ceint le front de l'enfance.

III

Un des traits caractéristiques de cette jeune physionomie, c'était un désir exceptionnel de tout savoir, le pourquoi et le comment des choses. Comme une passion ardente de l'inconnu s'agitait dans cette intelligence de huit ans ! Il ne cessait de poser des questions ardues, qui embarrassent d'ordinaire les chercheurs et les savants, questions auxquelles Dieu seul se réserve le droit de répondre.

Il demandait, par exemple : Qu'est-ce que le ciel ? Où est-il ? S'il m'était possible, à l'aide d'un ballon, de m'élancer bien haut, par-delà ces immenses plaines bleues, qui dans les airs s'étendent à perte de vue, est-ce que je ne finirais pas par découvrir le lieu du ciel ?

Qu'est-ce que l'âme ? Comment, en quittant le corps, s'envole-t-elle au paradis ? Pourrions-nous voir un esprit ?

Un problème qui l'avait tout particulièrement préoccupé, c'était de savoir pourquoi les enfants morts, sans avoir été d'abord purifiés par l'onde sainte du baptême, ne jouissaient pas du bonheur de contempler Dieu, dans sa sublime magnificence ?

Son imagination travaillait, et il faisait des efforts visibles, pour essayer de comprendre comment d'innocentes créatures étaient privées de la gloire éternelle, pour une faute qu'elles n'avaient point volontairement commise.

La pensée de la responsabilité humaine, dont l'expression même lui était cachée, se dressait effrayante devant l'esprit scrutateur de cet enfant.

Il cherchait des solutions, qui ne seront sans doute jamais données, pendant la durée, plus ou moins longue, du monde présent.

Comme sa pieuse mère lui disait, que les parents se rendaient coupables en retardant, pour les nouveau-nés, la cérémonie du baptême, il répondit avec émotion : Oh ! comme je serais malheureux si, par ma négligence, mes enfants, un jour, étaient privés du bonheur de voir le bon Dieu !

Il était toujours dominé par le désir d'apprendre ; il se livrait à des transports de joie, quand il lisait, ou bien entendait raconter l'histoire de ces grands hommes, de ces héros que le talent, les inventions, les découvertes ont rendus à jamais célèbres.

Il prêtait une oreille attentive au bruit de cette gloire, de cette renommée du moins, que la postérité décerne à ces nobles intelligences, à ces génies puissants, que le Dieu des sciences a illuminés.

Son imagination, sans cesse en mouvement, voyageait à travers des sphères inconnues.

Maman, disait-il, quand je serai grand, n'y aura-t-il pas encore des contrées, des îles à découvrir?

Est-ce que je ne pourrais pas trouver quelque nouveau monde?

Ce nouveau monde, où tous les habitants ont en partage des félicités qui ne s'altèreront jamais, il l'a découvert, c'est le ciel, cette vraie terre promise aux enfants d'Abraham, c'est-à-dire aux chrétiens fidèles.

Et vous, ô mère inconsolable, vous répondez en gémissant, car la puissance de la grâce ne détruit pas les lois de l'amour, ni les besoins du cœur : « Mon Joseph, pourquoi voulais-tu t'élancer ainsi vers les horizons de l'inconnu ? Altéré de science, qui donc, avait allumé, en toi, ce désir insatiable de pénétrer la nuit du mystère ?

» Tu as pleuré plus d'une fois, au récit navrant de ces investigateurs infatigables, tombés victimes de leurs recherches hasardées, et dont l'un se nommait Ulric de Fonvielle. »

C'est vrai, cet enfant rêvait l'infini ; il rêvait Dieu et ses domaines sans limites.

Pendant que ses pensées s'élevaient, peut-être, à des hauteurs que l'œil humain, pris de vertige, ne peut plus apercevoir, ni mesurer, Dieu a voulu satisfaire ses désirs, les rassasier, en lui faisant connaître de suite ces mystères cachés à la terre et que nous ne comprendrons nous-mêmes qu'au jour où l'âme, brisant ses liens, saluera l'aurore de la véritable liberté.

Cher petit Joseph, pour vous, maintenant, il n'existe plus de secret, car le dernier des élus a plus de science seul, que tous les savants réunis des deux hémisphères.

Pour nous qui avons l'inappréciable bonheur d'avoir reçu la foi, ce don le plus précieux de tous les trésors, cette vérité est incontestable. Quiconque voudrait la nier, ne pourrait pas, certainement, par le nombre de ses arguments, prouver la thèse opposée.

Nous croyons que le progrès scientifique, sur terre, peut atteindre une grande mesure, mais nous sommes persuadés, que nous ne saurons qu'au ciel, le dernier mot de la science.

Joseph, vous êtes à la source des joies, qui se renouvellent sans cesse, et nous, pauvres exilés, vivant dans la tristesse, nos yeux sont remplis de larmes !

Toutefois, deux dogmes puissants nous soutiennent, nous encouragent, et nous consolent, celui du souvenir, et celui de l'espérance.

IV

Jamais enfant, peut-être, ne fut aimé davantage.

D'ailleurs, il semble que chaque mère ait pour son fils une tendresse immense, sans bornes, et dont chaque mère, en quelque sorte, prétendrait avoir le privilège.

L'affection de Joseph pour sa famille, tenait d'une sorte d'adoration.

Aussi, les plus beaux rêves d'or avaient été formés autour de cette jeune vie, sitôt flétrie.

Sa récréation la plus agréable, était celle qu'il prenait au milieu des siens.

Quand les affaires appelaient ou retenaient au loin ses parents, des larmes abondantes accompagnaient les voyageurs.

Cet enfant chéri avait, pour sa mère, une affection à la fois si tendre et si respectueuse, que souvent il disait les paroles suivantes, bien dignes d'être citées : « Que je suis heureux d'avoir une mère comme la mienne ! Quand je prie la Ste-Vierge, il me semble que je vois ma mère ; elle est si bonne, que je trouve qu'elle lui ressemble. »

Peut-on rêver rien de plus simple et de plus beau, rien de plus noble et de plus charmant ?

Cette naïveté touchante n'est-elle pas l'expression d'une âme délicate et privilégiée ?

Au jour de sa fête, il avait reçu un petit portefeuille. Sur l'une des pages, l'amour maternel avait laissé son empreinte.

Maman, dit-il, je conserverai toujours ce carnet, et, quand je serai un homme, je m'en servirai, en me rappelant que c'est un précieux souvenir qui me vient de vous.

Ce portefeuille a été pieusement

conservé. Que de regrets amers et doux, à la fois, il éveille dans l'âme, et qu'on ne peut retracer !

Son amitié pour sa jeune sœur, devenait de l'enthousiasme. Dans la plupart de ses projets enfantins, elle occupait la première place.

« O mon Joseph, en éprouvant le besoin de crier bien haut combien nous t'aimions et combien notre deuil est amer, je te demande d'être l'ange protecteur de cette sœur chérie. Lis dans son cœur, combien tu lui étais cher ! Ton image et ton souvenir sont immortels pour sa jeune imagination ! »

Un soir, il avait passé d'heureux et longs moments à jouer sur les genoux de son grand-père, qui devait se mettre en route pour les Pyrénées ; le lendemain, après le départ, il parut céder à un ennui manifeste.

Sa grand'mère lui dit alors : « Mon Joseph, pourquoi donc as-tu l'air si triste ? »

— « Tenez, répondit-il, c'est, voyez-vous, que je crains de ne pas avoir assez embrassé grand-père, hier soir. Il me semble entendre une voix, qui m'annonce que je ne dois plus le revoir. »

Son pressentiment ne l'a pas

trompé. Dieu donne quelquefois, à ses amis, l'intuition de leur fin prochaine. Nous trouvons dans nos annales chrétiennes plusieurs exemples de ce fait.

C'est pendant cette absence de son grand-père, que Joseph a pris le chemin du ciel.

Mais, ceux qui ne doivent plus se revoir en ce monde, se retrouveront dans l'autre. C'est notre consolation ; là, se fera la rencontre des pères et des enfants, et la séparation ne sera plus à redouter.

Sa reconnaissance était également acquise à ses professeurs qu'il aimait.

Il témoignait un attachement vraiment filial, à Mme Prieur, cette pieuse et dévouée institutrice du premier âge, et dont plusieurs générations de petits enfants aimeront à se rappeler les soins vigilants, et l'extrême bonté.

On eût dit qu'il comprenait que les louanges n'ont de prix, qu'à la condition d'être vraies, et méritées, et qu'elles tirent leur valeur du caractère de celui qui les donne.

Aussi, il était particulièrement fier et honoré de recevoir les éloges de M. d'Hauterive, ce proviseur si soucieux du bien, et des progrès des élèves.

C'est pourquoi, les familles et l'Université savent apprécier ses qualités distinguées et rendre justice aux aptitudes supérieures dont il a donné depuis longtemps la preuve, dans l'art, pourtant si difficile, de diriger une grande maison d'éducation.

La bonté de ses maîtres faisait, souvent, l'objet de ses conversations.

Le nom de M. Dumontet, directeur du petit lycée, revenait souvent sur ses lèvres. Chacun sait, d'ailleurs, à Périgueux, tout l'intérêt, toute la patiente sollicitude de cet excellent maître, pour les jeunes enfants.

Quand il nous apercevait sur le chemin, aux heures de la classe, avec quelle amabilité, avec quelle gentillesse, il accourait se jeter dans nos bras !

Un désir, souvent manifesté par Joseph, c'était de se joindre à ses petits condisciples, pour prendre part à des promenades, que l'aumônier, jeudis et dimanches, se plaît à présider, pour avoir le bonheur de se reposer dans la société charmante de ces jeunes âmes.

Oh ! l'enfance, qu'elle est belle,

qu'elle est séduisante ! Non, la parure des lis, n'est pas brillante comme l'éclat de son regard. Jésus lui a prodigué toutes ses largesses, il l'a comblée de bénédictions, aussi, nous l'honorons, nous la vénérons, comme le sanctuaire le plus précieux de la Divinité.

Quand les eaux consacrées du baptême ont coulé sur sa tête, quand la grâce a purifié son cœur, quand l'hostie du tabernacle est devenue sa nourriture, l'enfant, c'est un ange sur la terre !

Il est des heures de contrariété, de fatigues, de défaillance même, pendant lesquelles on éprouve le besoin de partager, avec les enfants, leurs illusions, leur simplicité, de se mêler à leurs jeux, et d'oublier, un instant, que les cheveux blanchissent.

Ces réunions choisies, nous rappellent ces délicieux bosquets, de Cannes et de Nice, remplis de violettes, de roses et d'orangers, d'où s'échappent, au loin, sur la campagne et sur la mer, les plus odorants parfums.

Dans ces réunions, en effet, le cœur respire à l'aise, la suave odeur de la beauté, de l'innocence, de la vertu, *bonus odor Christi*.

Ces âmes, dans la pureté de leur jeunesse, sont des plantes si précieuses, que Dieu lui-même prend soin de les rafraîchir avec la rosée de sa grâce.

Aimables phalanges, vous apparaissez aux yeux de la foi, comme l'un des spectacles les plus séduisants et les plus grandioses ; à votre vue, on pense aux esprits du paradis, qui étendent sur vos têtes leurs ailes protectrices.

Une assemblée d'enfants, c'est le tableau que l'Evangile nous a retracé, sous les couleurs les plus vives et les plus attrayantes.

Les enfants sont les bien-aimés, les préférés de Dieu, puisque l'homme doit leur ressembler pour gagner le ciel. Leurs anges voient la face du Père qui est au ciel.

Selon la pensée d'un philosophe chrétien, Dieu parle à ses enfants, comme il parlait à Samuël, et l'un des malheurs de la vie présente, c'est de vouloir enseigner que Dieu ne parle pas, lorsque tous les échos retentissent de sa voix puissante !

Or, le prêtre, comme son maître Jésus, doit les chérir, les protéger, et les bénir. Ses promenades à travers les vallées, doivent lui rappeler les courses évangéliques du Sauveur. Il faut, qu'il leur inspire la confiance, qu'il les attire à la vertu.

« Notre Seigneur se laissait donc environner par tous ces petits enfants, et, s'approchant d'eux, lui-même, il les regardait avec un ineffable amour, leur faisait de douces caresses, mettait sa main sur ces têtes innocentes, et priait sur eux, comme leurs mères le lui avaient démontré : *et complexans eos, orabat super illos.*

La vérité est que, soit le doux regard de ses yeux, soit le sourire de ses lèvres, soit les affectueuses paroles, qui sortaient de sa bouche et de son cœur, il y avait pour eux, en notre Seigneur, je ne sais quel charme, et c'est pourquoi, on les rencontre sans cesse, sur ses pas, dans l'Evangile, lorsqu'il parcourait les villes et les bourgades.

Ces petits enfants l'aimaient, le suivaient partout; le bonheur de le voir, de l'entendre, d'être auprès de lui, leur faisait oublier tout le reste. Ils l'entouraient le plus près possible; ils perçaient la foule ; on voyait leurs petits visages se montrer toujours au premier rang.

Ils se sentaient aimés, et venaient,

avec pleine confiance, comme quand on se sait préféré. »

C'est ce touchant souvenir, de l'Evangile, que nous essayons de faire revivre dans nos promenades.

Or, par un effet spécial de la volonté Divine, et l'expérience de deux mille ans le prouve, les enfants s'attachent naturellement au prêtre.

Un jour, pendant qu'un vicaire parcourait la campagne avec ses jeunes disciples, une pauvre femme du peuple, courbée sur son sillon, se redressa en prononçant ces paroles : « Voyez, si on ne dirait pas que c'est Jésus, suivi de ses apôtres. » Ces mots étaient touchants, et ils trouvèrent un bien doux écho dans l'âme du pasteur.

Joseph n'a pu goûter cette innocente satisfaction. Il ne lui a pas été donné de nous accompagner une seule fois !... Mais, du haut des collines du ciel, nous aimons à penser, qu'il regarde ses jeunes amis, qu'il les protége, qu'il les bénit, qu'il sourit à leurs promenades à travers les bois et les prairies, sur les côteaux et dans les vallées du Périgord !

V

La misère des pauvres excitait la pitié et la compassion de Joseph. Volontiers, il se serait dépouillé pour venir en aide à leur indigence.

Le désintéressement et la générosité, sont les marques d'une nature d'élite. Il faut avoir un excellent cœur, pour trouver du bonheur à donner.

J'aime autant les pauvres que les riches, disait ce cher enfant, car nous sommes tous des frères.

Lorsque, dans sa présence, on

racontait l'histoire de quelques malheureux, il écoutait en silence, l'émotion le gagnait, et de grosses larmes coulaient sur ses joues.

Dans une circonstance, il fut surtout impressionné, au récit d'une mère, qui était morte, en laissant deux petits orphelins, sans asile et sans pain !

Un matin, que la pluie tombait glacée, sa pieuse grand'mère, dont la vigilance ne se ralentissait pas plus que le dévouement, manifesta la pensée de le faire conduire au lycée, dans une voiture. Non, jamais ! Telle fut sa réponse. « On dirait :

Vigouroux veut faire le riche, et ses embarras. Je préfère aller à pied. Devant Dieu, je suis tout semblable à mes camarades : à quoi sert l'orgueil ? à rien, nous sortons de la terre, et nous revenons à la terre. »

En lisant ces paroles, on ne peut se défendre d'un sentiment d'admiration.

Ce langage n'est pas celui d'un enfant, mais d'un homme mûri par les années.

Or, Joseph avait huit ans, quand tombaient de son cœur des expressions si belles, si simples et si vraies.

Puissent, de telles pensées, se former, grandir, et se perfectionner, dans l'âme de tous les enfants !

Chaque dimanche, une de ses joies les plus douces et les plus goûtées, c'était d'offrir les économies de sa semaine, à un mendiant, qui avait élu domicile, à la porte de l'église de la Cité.

A la vue de l'enfant, le vieillard souriait, et son visage, ridé par les épreuves, semblait s'illuminer, comme un ciel sombre devient brillant, lorsqu'un beau rayon de soleil dissipe les nuages.

Le mendiant avait une prédilection

marquée, pour son gracieux bienfaiteur.

En recevant cette aumône, d'un cœur aussi désintéressé, peut-être on aurait pu comprendre, dans l'attitude et le regard du pauvre, la prière fervente, qu'il adressait à Dieu, pour demander le bonheur de Joseph !

Or, voici qu'un matin, à l'heure du sacrifice, l'enfant se présenta, comme de coutume, portant son offrande, mais, la place du mendiant était inoccupée.

Profonde fut sa surprise, quand il apprit qu'il était mort.

A cette nouvelle, une tristesse visible s'empara de sa physionomie.

Particularité remarquable, et qu'il serait difficile de ne pas noter, c'est que huit jours plus tard, Joseph lui-même, montait au paradis.....

Nous ignorons, sans doute, les secrets impénétrables de Dieu ; mais l'Esprit-Saint nous enseigne que l'éternelle félicité, sera le partage de celui qui a compris la nécessité de soulager la misère et l'indigence.

L'amour des pauvres, traduit par l'aumône, c'est une clef mystérieuse, qui a le pouvoir d'ouvrir les portes de la patrie céleste.

Nous serions porté à penser, que cette charité, exercée envers un mendiant, par une âme innocente et pure, a valu, à Joseph, la récompense anticipée des élus.

Si l'indigent, dont il s'était montré le protecteur, avait déjà reçu, là-haut, la couronne assurée à ceux qui souffrent, à ceux qui pleurent, c'est, peut-être, à sa prière, que le Seigneur aura fait signe, au saint enfant, de quitter la vallée des larmes et de la douleur !

Alors, il est parti, pour ne pas être exposé, plus tard, à mille épreuves, et pour ne pas succomber aux attaques du péché, le plus grave de tous les malheurs.

Sa bonté, facile et habituelle, se manifestait à l'égard des domestiques, et autres personnes de la maison.

Ne craignez rien, leur disait-il, quand je serai grand, et que vous ne pourrez plus travailler, je vous donnerai du pain. « Maman, j'aime tous ceux qui m'entourent d'attentions et de soins, tous ceux qui m'instruisent. »

Lorsqu'une contestation s'élevait entre lui, et ses petits camarades, il en éprouvait une peine véritable.

Un soir, au retour de la classe, il paraissait tout ennuyé, sa grand'-mère l'interroge, et il répond : « On m'a poussé sur un élève, et je lui ai fait mal, sans le vouloir. Aussi, j'ai quelque chose là, qui me pèse, comme un fardeau, » et il plaçait sa petite main sur son cœur.

« Oh ! ajouta-t-il, en soupirant, je serais désolé que l'on pût me croire méchant, » et il pleurait.

VI

Cette nature candide, franche, sous l'influence bienfaisante d'une famille chrétienne, s'ouvrait à la piété, tout naturellement, comme une tendre corolle s'épanouit, à la rosée du ciel.

Il est consolant, de se rappeler avec quelle dévotion touchante, joignant ses petites mains, il récitait, à notre demande, ses prières en langue allemande.

Et vous, cher petit Félix, (1) vous,

---

(1) Félix Gadaud, fils de M. le docteur Gadaud, maire de Périgueux.

son ami de cœur, vous, dont l'intelligence est sœur de la sienne, n'est-ce pas, que vous n'avez point oublié ce souvenir, car alors, vous étiez près de Joseph, dont vous partagiez les bonnes dispositions, que Dieu vous permet de développer maintenant.

Sur ses livres, sur ses cahiers, il écrivait des sentences pieuses, puisées dans son propre cœur. Il avait une confiance particulière en saint Joseph, dont il était honoré de porter le nom.

Sa chambre était ornée de l'image du glorieux patriarche.

Devant cette image, il aimait à

placer les plus beaux bouquets de fleurs.

« Afin de bien faire mes devoirs, et d'apprendre parfaitement mes leçons, disait-il, j'invoque le bon saint Joseph, il m'exauce toujours. »

Au moment des compositions, sa foi et sa piété se réveillaient, avec une ardeur plus vive.

« Ecoutez, grand'mère, c'est à telle heure, que nous composerons.

» Il faudra vous mettre à genoux, et demander à Dieu, que je sois le premier. »

Aimable et pieux enfant, puissent vos petits camarades du lycée, entretenir dans leur esprit, les sentiments précieux de votre foi et de votre confiance !

Vous qui l'avez connu, vous qui l'avez aimé, lorsqu'il était sur les mêmes bancs, assis à vos côtés, imitez les exemples qu'il vous donne.

Il dit un jour à ses parents : « Si vous saviez ce que j'ai vu... On a demandé à un petit garçon de réciter sa prière, et il ne savait pas encore faire son signe de croix.

« Tenez, cette chose là, *m'a saigné le cœur.* »

Ces mots sont éloquents et dignes de nos méditations.

Ce fait isolé, auquel personne n'avait prêté attention, n'était point passé inaperçu pour Joseph, qui, en le rappelant, laissait échapper ce cri de conviction : Mon cœur a saigné !

Il s'empressait de suivre les instructions religieuses, et c'est avec impatience, qu'il attendait le samedi, jour où elles avaient lieu.

Il semble que déjà, cette intelligence précoce, dans l'amour du beau et de la vertu, était avide de vérité, et qu'elle cherchait à pénétrer le secret du bonheur, que la Religion chrétienne seule, est capable de donner aux hommes !

La foi catholique, en effet, est le foyer lumineux, dont les rayons éclairent toutes les sciences humaines, et principalement la science du salut.

VII

Une expérience quotidienne, démontre que le travail répugne, d'ordinaire, à l'âge qui ne rêve que jeux et promenades.

Joseph était une exception ; s'il avait supposé qu'on le regardait comme un paresseux, il en aurait éprouvé un véritable chagrin.

Aussi, l'application ne lui faisait pas défaut. Pour se mettre à ses leçons et à ses devoirs, il n'attendait point qu'on le commandât.

Quelques heures avant de rendre

le dernier soupir, une de ses préoccupations, c'était qu'on écrivît à M. le proviseur. Il tenait à ce que ses camarades fussent bien informés, que s'il ne rentrait pas au lycée, à l'époque fixée, c'était pour cause de maladie, et non point par paresse.

Au milieu de ses premières études préparatoires, il entrevoyait déjà les services, qu'il pourrait rendre plus tard, par un travail soutenu.

Quand une âme est vraiment grande, il existe en elle les germes des sentiments les plus nobles et les plus purs, qui ne tendent qu'à se développer.

Dans ces conditions, l'amour de la famille n'est pas séparé de celui de la Patrie, ces deux amours restent étroitement unis.

Le cœur qui n'a pas aimé sa mère, n'aimera jamais son pays.

L'égoïste est incapable de patriotisme.

Au nom de la France, son visage s'illuminait, il disait à ses chers parents :

« Je vous aime tous beaucoup, je donnerais ma vie, pour sauver la vôtre ; mais quand je serai un homme, si mon pays est en danger, rien ne m'arrêtera, rien ne m'empêchera de courir pour le défendre, même si je devais mourir. »

En prononçant ces mots, il semblait se transfigurer, telle était profonde sa conviction.

A ce sujet, constatons, comment sous le regard de Dieu, dès l'aube de la raison naissante, lorsque l'âme s'ouvre à peine, au contact des impressions extérieures ; constatons comment la foi et la piété réunies, produisent l'amour et le dévoûment pour la patrie.

D'ailleurs, il a été, et il sera toujours vrai, que ces deux puissances soutiennent le courage, et qu'elles font les héros, sur nos champs de bataille.

Que de faits éclatants, puisés particulièrement dans notre histoire nationale, pourraient venir confirmer cette assertion, car, de tous temps, la foi et la bravoure, se sont montrées comme deux sœurs étroitement liées ensemble.

VIII

Un oubli, trop commun, parmi les enfants, c'est l'oubli des morts.

Il en est qui, jouent sur les tombes du cimetière, comme sur les pelouses de la colline.

Il en est qui, comblés de caresses et de toutes les sollicitudes, que la tendresse invente, ont oublié leur mère, au lendemain même de la cérémonie funèbre !

Mais, nous ne voulons pas blâmer les petits, lorsque les grands, eux-mêmes, abandonnent, trop souvent, le culte des souvenirs. Nous pardonnons à ces enfants, le défaut qui nous afflige, et qu'il faut attribuer à leur légèreté, non à leur ingratitude.

Notre Joseph, lui, pensait aux pauvres trépassés.

Le cimetière ne présentait rien d'effrayant à son imagination.

Mais, à la vue des tombes délaissées, au milieu des hautes herbes qui les cachaient, son cœur se serrait, et les larmes coulaient.

Il avait contracté l'habitude de prier pour les morts.

En apercevant les ronces et l'abandon, se croiser sur une fosse, comme si le poids de la pierre n'était pas assez lourd, pour anéantir la dépouille, il disait :

« Hélas ! personne ne se souvient de ceux qui sont là, mais vous, parents que j'aime, je ne vous oublierai pas. Je souhaite que votre vieillesse se prolonge le plus possible ; et puis, quand vous ne serez plus, je viendrai vous couvrir de roses. »

— « Hélas ! c'est toi, mon Joseph, toi, le fils bien-aimé de mon cœur, que nous couvrons, maintenant, de fleurs ! Et, au milieu de ce vaste et douloureux silence du champ de la mort, tu vois que ton père, ta mère, ta sœur, ton grand-père et ta grand'mère, nous ne t'oublions pas. Oh! mon Joseph, puisse ton âme s'unir à la nôtre, tu sais combien nous t'avons aimé, enfant chéri! »

Le 13 juillet, il aperçut, du chemin de fer, les croix blanches du cimetière, et il dit :

« Grand'mère, j'éprouve de la peine d'abandonner nos pauvres morts. »

Cher Joseph, vous ignoriez, sans doute, que peu de jours après, vous étiez destiné à venir vous reposer dans la compagnie de ceux que vous quittiez à regret !

IX

Il avait ardemment désiré ce voyage à Bordeaux, qui devait lui permettre d'embrasser son tendre père, mais, hélas! pour la dernière fois dans ce monde!

Lui-même prépara sa malle, ses cahiers de musique ne furent point oubliés. Il tenait à prouver qu'il avait travaillé, afin de donner à son père la satisfaction de constater ses progrès; il s'était promis de lui faire une agréable surprise sur le piano.

Chose étonnante, il paraissait

pressé de partir, en disant : « Il me semble que si je restais plus longtemps, Périgueux deviendrait mon tombeau ! »

Ces aspirations étaient sans doute produites par un pressentiment qui devait trop tôt se réaliser.

Tant d'espérances, tant de rêves, étaient à la veille de s'évanouir, pour disparaître à jamais !

Le 15 juillet, rien ne faisait prévoir le fatal événement.

Quand une mère est éloignée d'un fils chéri, il semblerait que l'impitoyable mort dût attendre son retour, pour se permettre de toucher, de son aile empoisonnée, l'objet de ses tendresses ! Mais, ce n'est là qu'une vaine illusion ; la voleuse se plaît à surprendre ceux qu'elle veut emporter !

Le lundi 17, le cher enfant prie sa grand'mère de faire brûler un cierge, devant l'autel de saint Joseph. Il demande qu'on place auprès de son lit, l'image de la sainte Vierge.

Son visage est doux et calme, comme par le passé ; les traits de sa physionomie ne sont point changés.

De ses lèvres, tombent des paroles d'affection, pour tous ceux qu'il aime, et dont il est aimé.

Il s'entretient de sa mère absente. Il serait trop heureux de la revoir, de l'embrasser.

Toutefois, il se résigne et se soumet à cette privation, pourtant si cruelle, parce qu'elle est fatiguée, et que le médecin a déclaré, qu'il ne fallait point la rappeler des Pyrénées.

Lui, du reste, va de mieux en mieux, c'est l'avis même du docteur.

C'est une simple indisposition, qu'il faudra cacher à sa mère.

Il parle de ses camarades, de Périgueux, de ses maîtres, et demande qu'on lui fasse une lecture.

On le voit, rien, pas le moindre

symptôme, ne paraît inspirer la plus légère inquiétude.

Saint Joseph, une fois encore, avait écouté les vœux de son bien-aimé petit protégé.

Auprès du lit de notre aimable et pieux enfant, sont assis, son père et sa grand'mère.

Un paisible sommeil a fermé sa paupière. Il dort tranquille, son souffle est calme et pur, comme celui d'une brise de mai, au déclin d'une belle journée. Il sourit en dormant ; c'est peut-être un rêve consolateur, dans lequel il embrassait sa mère.....

Sur ce gracieux visage, il n'y avait

place que pour les baisers, et non plus pour la crainte ! N'était-ce pas le prélude d'une guérison complète ? l'aurore bienfaisante, devait ramener la santé...

Tout-à-coup, le sommeil est rompu ; il est minuit, la voix vibrante de Joseph se fait entendre : « Mon père, mon père, où est mon père ? » Le voici, enfant chéri, que veux-tu ? « Pardon, mon père, pardon, pardon, je me meurs ! » Joseph, mon bien-aimé, mon Joseph, mais tu ne m'as jamais offensé... Sa voix s'éteint, il étend les bras, pour donner un dernier baiser, et ses petites mains, glacées déjà par le froid de l'agonie, pressent fortement une image de la sainte Vierge.

Et puis, tandis que ses lèvres murmurent faiblement des mots inachevés, et restés incompris, tandis que son père, désolé, et sa grand'mère, rendue muette par la douleur, le couvrent de baisers et de caresses, sa voix n'appartient plus à la terre, son œil s'est fixé du côté du ciel, et son âme a pris possession du bonheur, qui ne finit jamais !

Angoisses humaines, déchirement du cœur, ah ! comment vous décrire ?

Il était deux heures du matin, le

18 juillet, quand notre Joseph a salué les anges, dont il est le frère ! Il s'est incliné comme une tige sans eau, au soir d'une journée de chaleur !

Et vous, ô mère inconsolable, vous étiez absente, et à votre arrivée, vous n'avez plus trouvé qu'une dépouille glacée, à la place de l'enfant, que vous avez si tendrement aimé !

Vous n'avez pas eu, même, la joie éphémère, de lui adresser un dernier adieu, et de recevoir de lui un dernier baiser !

Et, alors, au milieu des gémissements et des sanglots, vous avez dit :

« Mon Dieu, je n'ai rien vu ! mon Joseph, tu as lutté, tu as souffert, tu es mort, et ta pauvre mère n'était pas là ! Mon Joseph, mon bien-aimé, pendant que les objets terrestres s'évanouissaient devant tes yeux voilés par le trépas, as-tu entendu la voix de ton père inconsolable ? As-tu pu donner une pensée à ta mère, dont le cœur a reçu une large et profonde blessure, qui ne se fermera jamais ? Mon Joseph, bonheur de ta famille, te voilà donc étendu sous la froide pierre du tombeau ! Tu t'es donc endormi sur terre, pour ne te réveiller qu'au ciel !

» Enfant, qui étais beau, comme l'espérance est belle, quand ta mère pourra-t-elle te revoir ?

» A mon arrivée, le linceul de la mort déjà t'avait enveloppé ! Oui, oui, couvrez de lis et de roses ce petit cercueil de Joseph ! lui, s'était promis de nous rendre, un jour, ce funèbre devoir, et ce dernier honneur !

» Noyée dans la douleur, accourue du fond des montagnes, mon unique consolation fut de m'agenouiller au pied du crucifix qui protégeait les restes inanimés de mon fils !

» On pleure bien sur ton image,

ô Divin crucifié! les larmes des hommes la connaissent, il y a, entre tes douleurs, et les douleurs humaines, une éternelle conformité.

Ce cercueil, couvert de fleurs et de couronnes, renferme la plus grande, et la meilleure partie de mes espérances brisées !

» Dans ce moment d'angoisses inexprimables, j'ai compris, que si les larmes et l'amour, pouvaient rappeler à la vie, un être chéri, mon amour et mes larmes auraient, sûrement, ressuscité mon fils !

» Heureux, dit-on, les anges qui s'endorment à cet âge ; mais, plus heureuses, les mères, qui ne sont pas témoins de ce sommeil !

» La tête appuyée sur ton cercueil, mon enfant, si vive qu'ait été, alors, ma douleur, je ne l'ai pas sentie, aussi cruellement que depuis !

» Il me semblait, encore, entendre le son de ta voix ; il me semblait que tu allais te réveiller, et que tout n'était pas fini !

» Maintenant, la réalité m'écrase, de son mortel fardeau ! »

Une mère, éplorée comme vous, traduisait vos pensées, et vos impressions, quand elle disait :

« Pour des êtres exceptionnels,

aimés d'une manière exceptionnelle, il semble que chaque jour, augmente le vide et la souffrance.

» La réalité n'apparaissait pas si morne et désolée, même quand ton corps, privé de vie, était là, sous mes yeux, même quand j'embrassais ta joue glacée, ô mon cher enfant !

» L'excès de la douleur m'avait anéantie ; tout flottait vaguement au-dedans de moi ; je ne sais quelle impression de terreur, de doute, de refus, de croire à ce que je voyais, à ce que je touchais, amortissait l'horreur de la réalité.

» Aujourd'hui, cette réalité, acceptée avec tant d'efforts, on ne peut plus s'y soustraire; l'âme a beau s'élancer suppliante, dans l'espace, et appeler, en gémissant, celui qui faisait le charme de la vie, le silence de la mort répond seul. »

Ces derniers mots, toutefois, ne nous paraissent pas l'expression de la vérité; non, la mort ne répond pas seule, car Jésus, qui a vaincu la mort, vous adresse une réponse de vie, et vous assure, qu'il est une patrie, où les mères et les fils se retrouvent.

« Quand, par un beau soir d'été, sur le bord de la mer, on voit le soleil descendre lentement à l'horizon, il vient un moment, où le globe de feu s'enfonce dans les flots, et semble s'y éteindre. Il n'y a là, cependant, qu'une apparence ; le soleil ne s'éteint pas ; il continue sa course radieuse, et va éclairer d'autres mondes. »

Cette comparaison consolante, montre que dans la mort du juste, il y a plus d'apparence que de réalité. Aussi, l'âme de Joseph, plus radieuse que le soleil, car, aucune lumière terrestre, n'est brillante comme l'âme pure d'un enfant, a disparu sans s'éteindre.

Elle s'est plongée dans l'océan de la bienheureuse éternité, où elle continue à resplendir d'un éclat incomparable.

Donc, espoir : tout ce qui doit finir n'est pas long, et l'attente est relativement de courte durée.

Joseph, à cette heure, sans doute, vos aspirations sont satisfaites ; vous connaissez les mystères, qu'ici-bas vous ne pouviez pénétrer ! Vous êtes heureux.

X

Le souvenir est une consolation, dans l'absence de nos bien-aimés; c'est avec ce sentiment, que nous aimons à faire revivre ceux que nous pleurons. Nous recueillons, avec un religieux empressement, les moindres objets, qui leur ont appartenu; dans nos conversations, leurs noms se placent tout naturellement sur nos lèvres.

Nous voudrions que le monde entier, nous parlât sans cesse de nos chers absents.

Nous recherchons la compagnie de ceux qui les ont connus.

Et puis, dans un tranquille entretien, il semble que notre douleur est comme endormie, pour un instant. Qui voudrait énumérer les incroyables inventions de l'amour, pour rendre aux morts une apparence de vie, celui-là devrait composer des volumes !

Le cœur, en effet, découvre, dans la profondeur de ses abîmes, des moyens, en nombre presque infini, pour se rapprocher des êtres chéris, que la mort a éloignés.

Dieu, certainement, ne s'oppose

pas à ces innocentes industries, mais toute âme chrétienne, doit, surtout, recourir au spécifique divin de l'espérance.

C'est une des vertus les plus nécessaires, car, sans elle, on ne pourrait jamais s'élever jusqu'à la charité.

Voilà pourquoi, ô père, ô mère, ô sœur, ô famille éplorée, c'est à cette fortifiante espérance qu'il faut s'attacher.

C'est un arbre aux puissants rameaux ; dès que l'on a pu saisir ses branches protectrices, il n'y a plus rien à craindre ; le torrent peut mugir au fond du précipice, sur lequel nous sommes suspendus, nous sommes sauvés.

Regardez le ciel, c'est là que Joseph vous attend.

« C'est donc bien vrai, je reverrai mon enfant ? » N'en doutez point.

Quand Dieu a créé, dans la sainteté et l'amour, le cœur d'une mère et celui de son enfant, il peut, car il est maître, les séparer pour un temps, mais sa miséricorde les réunira pour l'éternité.

Nous n'avons pas à regretter celui qui part, pour se rendre au bonheur.

Nous sommes à plaindre, nous sommes malheureux, nous qui restons dans l'exil ; mais nous devons chanter les gloires de ceux que le Seigneur est venu délivrer.

La vie est une plante, dont le fruit ne mûrit pas sur la terre, il lui faut le soleil du paradis.

La mort d'un enfant, c'est pour une mère, le plus écrasant des malheurs, mais, tout pesé, tout considéré, c'est une preuve de la miséricorde Divine.

Nous paraîtrions cruel, en tenant un pareil langage, si l'expérience et la foi ne venaient pas nous donner raison.

Oui, c'est une grâce de mourir à

huit ans, et d'emporter, dans la tombe, au milieu des couronnes et des fleurs, la blanche robe du baptême, et de présenter aux anges une âme virginale.

C'est une grâce d'un prix infini, que de mourir à huit ans, sans avoir approché ses lèvres de la coupe amère des souffrances et des déceptions humaines.

L'enfant ne regrette pas les joies et les plaisirs qu'il n'a jamais goûtés.

En échange des félicités sans nombre et sans fin, devenues son immortel partage, nous n'avions à lui présenter, qu'un avenir chargé de toutes les craintes, de toutes les incertitudes, de tous les maux !

Nous qui tentons des efforts inouïs pour retenir ceux que nous chérissons, ah ! qu'avons-nous à leur donner sur cette terre, qu'avons-nous même à leur promettre ?

Les fêtes de cette vie, ne sont jamais complètes : pour un jour de soleil, il y a des années de pluies et d'orages !

Pleurons, puisque les larmes ont une certaine puissance, pour soulager, mais, pleurons en chrétiens ; bénissons la délivrance d'un enfant, que la loi du malheur n'aurait pas épargné plus que les autres.

Vivez, ô mère, dans la compagnie continuelle de Joseph.

Son âme est près de vous, car, pour les âmes, il n'y a pas de distance, et celle de votre enfant, veille à vos côtés, pour vous consoler.

Courage, vous dit-elle, je suis partie la première, je vous attends, je vous prépare une délicieuse retraite.

La nuit, le jour, pendant les travaux, dans le bruit des affaires, ou dans la solitude de la chambre, où il s'est endormi, entendez sa voix qui chante le bonheur de l'éternité !

Dans le cimetière, pendant que vos prières montent vers le ciel, pendant que vos larmes arrosent les fleurs qui couvrent sa chère dépouille ; écoutez encore, elle est là, avec les anges gardiens, qui veillent sur les tombeaux.

Nos pères, dans la foi et dans l'espérance, nous disent que les morts ne sont jamais seuls, et que des messagers célestes, les protègeront, jusqu'au jour où les atômes de poussière humaine, au souffle puissant et fécond du Créateur, se ranimeront, pour reconstituer la physionomie de l'homme, dans toute la splendeur qui environnera les corps glorifiés.

C'est là une douce et consolante pensée.

Aussi, en mettant le pied sur le champ du repos, il nous semble entendre des concerts mélodieux, il semble que les yeux de notre foi aperçoivent ces sublimes protecteurs, avec les ailes déployées au-dessus des croix funèbres !

« Aux termes de l'exil, alors que le tombeau »
Reçoit de notre corps la dépouille mortelle
Et que l'éternité s'ouvre à l'âme fidèle,
A l'heure où nous dormons le paisible sommeil,
Qui sera salué d'un immortel réveil !
L'ange gardien des morts, l'ange du cimetière,

Vient reposer son vol, sur cette humide pierre,

Qu'un père ou qu'un époux, qu'un frère avec ses sœurs,

Dans leurs tristes chagrins, arrosent de leurs pleurs.

Si tu viens, pauvre mère, à l'âme désolée,

Déposer quelques fleurs, sur ce blanc mausolée

Où les restes d'un fils, tendre objet de ton cœur,

Espèrent dans la paix le grand jour du Seigneur,

Sache qu'auprès de toi, dans le champ solitaire,

L'ange gardien des morts, partage ta prière.

Il me semble le voir, ou plutôt je l'entends,

Qui s'adresse à la tombe, à ces chers ossements,

Aux buis comme aux cyprès, mêle sa voix bénie,

Le repos du cercueil aime cette harmonie.

Pauvre mère, viens-tu, dès que l'aurore luit,

Sur ce tertre arrosé des larmes de la nuit ;

Tiens à l'ange des morts un suppliant langage !

Dis-lui de ramener du céleste rivage,

L'esprit pur et serein de Joseph qui n'est plus !

L'ange t'obéira, vers le Roi des élus
Il volera soudain, et, messager fidèle,
Fier d'un riche trésor apporté sur son aile,
Il descendra bientôt les collines des cieux,
Et sur des lis en fleur, cet esprit glorieux,
L'âme du tendre fils, s'inclinant vers sa mère,
D'un doux baiser d'espoir séchera sa paupière.

Et maintenant, ô mère, elles passeront vite, les années qui vous séparent encore de votre Joseph. Assurée de le revoir, persuadée qu'il est heureux, l'absence vous paraîtra moins longue.

Et puis, sa présence invisible, entretiendra dans votre cœur la soumission à la volonté de Dieu;

sa voix, venue du ciel, vous redira courage.

Non, votre fils ne vous a pas quittée, il s'est transfiguré ; il est plus présent que jamais, car la communication des âmes est facile avec leurs bien-aimés de la terre.

O sublime et divine espérance, grandis, grandis sans cesse, et rapproche-nous, de plus en plus, du paradis !

Famille chrétienne, consolez-vous ; le Sauveur ne rend pas en ce monde d'autre visite, que celle de la souffrance. Lorsque la douleur nous brise et nous accable, c'est le Christ, frappant avec sa croix à la porte de notre cœur, et qui demande la permission d'entrer.

Ne refusons pas l'hospitalité au Crucifié du Calvaire ; s'il avait connu, pour gagner le ciel, un chemin plus court que celui de la douleur, il l'aurait suivi pour nous donner l'exemple !

Famille éplorée, sanctifiez vos larmes par la résignation ; la souffrance purifie l'âme, comme le feu purifie l'or dans la fournaise.

Faites taire souvent les bruits du monde, établissez la solitude dans votre cœur, et puis écoutez…

C'est bien elle que vous entendez, c'est bien la voix de Joseph, qui chante un cantique, en suivant Jésus sur les collines du ciel.

Oh! comme il est radieux! Il est parti dans toute la sérénité de sa naïve innocence.

Il a vu les roses de la vie s'épanouir, il ne les a pas vues se faner au pied du rosier.

Il a salué l'aurore de la joie, il n'a pas été témoin attristé de son déclin.

Jésus, qui aime les petits enfants, a distingué Joseph, il a trouvé dans ce jeune cœur, tant de beauté, tant de fraîcheur, qu'il l'a pris par la main, l'a introduit dans ses palais, et placé sur un trône de bonheur.

Mais, sa tendresse pour les siens n'a pas été affaiblie, elle s'est, au contraire, dilatée ; on aime beaucoup plus du haut des immortelles demeures, que sur la terre.

Joseph règne avec le Christ, il nous regarde du haut du ciel, il nous prépare une place auprès de lui.

« Pensez à son regard, toujours invisible, et en apparence lointain, qui du ciel tombe sans cesse sur vous, s'attache à vos pas et vous suit silencieusement, pareil à cet astre de la nuit, lequel dans les ténèbres, au milieu des champs et des bois solitaires, semble vous accompagner, avancer lorsque vous avancez, reculer, lorsque vous reculez, lumière inévitable, qui luit partout. »

O mon Dieu, écoutez la prière d'une pauvre mère, et augmentez son courage, daignez ne pas séparer dans le ciel ceux que vous avez unis si étroitement sur la terre !

« Joseph, ô mon bien-aimé, tendre objet de tant d'affections et de tant d'espérances trompées, du haut du paradis, aide-moi à supporter la rude épreuve de la séparation, et à me rendre digne de te rejoindre dans la lumière qui t'environne.

» Tes aspirations ont trouvé leur terme; à cette heure où ta mère, agenouillée, lève les yeux vers toi, tu connais ces mystères que tu voulais découvrir ici-bas ! Joseph, Joseph, prépare une demeure pour nous tous, tes parents bien-aimés !

» Depuis ton départ, nous ne sommes plus chez nous, nous vivons dans l'exil !

» Seigneur, vous qui prêtez une oreille attentive aux cris des mères, vous qui avez ressuscité le jeune fils de la veuve de Naïm, oui, oui, vous me rendrez un jour mon Joseph ! En attendant cet heureux moment, je vous supplie de laisser tomber sur mon cœur le baume de vos consolations ! Mon Dieu, c'était un précieux dépôt que vous nous aviez confié, vous l'avez repris, que votre volonté soit faite. »

« Dors, ô notre bien-aimé, comme la semence sous l'écorce d'une plante fanée ; un jour, tu fleuriras encore comme sous le soleil d'un nouveau printemps, à l'heure de la glorieuse résurrection. »

SOUVENIRS & REGRETS

A

NOTRE BIEN-AIMÉ JOSEPH.

Ainsi qu'une rose fleurie,
S'effeuille au souffle du matin,
Tombe desséchée et flétrie,
Au pied des rosiers du jardin,
Un jeune lis, notre espérance,
Nous est ravi dans sa beauté ;
Déraciné par la souffrance,
Au cimetière il est planté.

Dans la famille, un soir, la mort s'est présentée ;
Tout frémissait au son de sa lugubre voix.
Elle fut implacable et sa main irritée,
Saisit notre Joseph, l'immola sur la croix.

Comme une blanche fleur que le ciel fait éclore,
Sous le baiser des nuits de la tiède saison,
Que l'on cueille au matin, toute odorante encore,
Pour embaumer l'autel ou la pauvre maison :

Ainsi notre Joseph est la fleur virginale,
Que le Seigneur choisit pour son palais d'azur ;
Beau lis, épanoui dès l'aube matinale,
Le calice du cœur à ton âge est si pur !

De cette vie à peine effleurant le breuvage,
Tu n'as vu que la coupe, et, sans goûter le fiel,
Ton âme a recueilli le sublime héritage,
Que la vertu promet, le vrai bonheur du ciel.

Nous couvrons de baisers ton froid cercueil de chêne,
Nos rêves sont détruits par ton cruel départ !
Tous nos amis émus, d'une aussi grande peine,
A nos amers chagrins, ont voulu prendre part.

Le marbre se réchauffe à nos brûlantes larmes,
Aux soupirs, aux sanglots, nous donnons libre cours ;
Dieu permet de pleurer, car les pleurs sont des armes,
Qui rendent moins pesant le poids des mauvais jours.

Cher fils, sur les degrés de ton froid mausolée,
Nous déposons, hélas ! nos vœux parmi les fleurs ;
Puisque ton âme à Dieu, pure s'est envolée,
Entends notre prière humide de nos pleurs.

L'espoir est un refuge où la foi nous convie,
Oui, père, mère, sœur se retrouvent au ciel.
Comme l'éclair Joseph est passé par la vie,
Pour aborder plus tôt au rivage éternel.

Il savait que l'exil est partout sur la terre,
Son jeune esprit cherchait un plus brillant séjour,
Il voulait pénétrer le monde du mystère
Et voir ce qui se passe à la divine cour.

Il est au paradis, la splendeur l'environne,
Son trône est une étoile au palais des élus,
Rubis et diamants de sa riche couronne,
Pendant l'éternité ne se flétriront plus.

Aimable enfant, adieu, dors en paix dans la tombe.
Les anges garderont tes restes précieux.
Mais quand le rosier meurt, si l'humble rose tombe.
L'âme, ce doux parfum, remonte et vit aux cieux.

OUVRAGES
de
M. L'Abbé Eugène GALAIS.

Programme d'un Aumônier de collège, in-12.......................... 2 f.

Les Harmonies de l'Homme-Dieu, in-12........................... 2 f.

Saint Front, 1er évêque de Périgueux, in-12.......................... 0 f 50 c

De Biarritz à Lourdes, in-12........ 0 f 50 c

Le Mariage devant les lois religieuses, in-8°............................ 3 f.

Le Mariage devant l'histoire et la raison, in-8°..................... 3 f.

Le Divorce, in-8°................... 2 f.

Le Pape est mort, in-8°............. 0 f 50 c

La Poésie chez les Pères et les Docteurs de l'Église (en préparation).

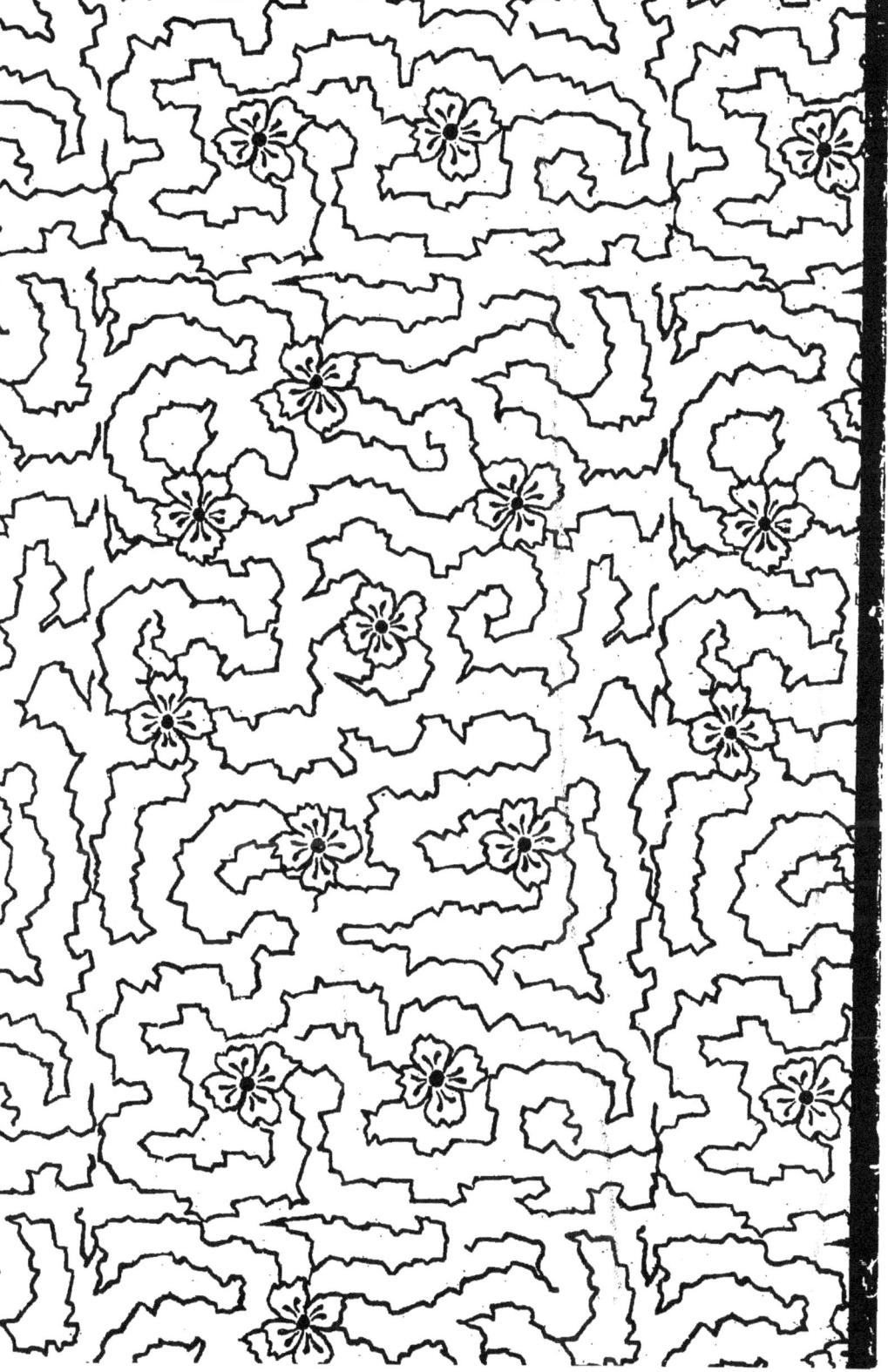

www.ingramcontent.com/pod-product-compliance
Lightning Source LLC
Chambersburg PA
CBHW060150100426
42744CB00007B/975